NATURAL・SIMPLE・HEALTHY

# Korean Cuisine

著 Mina Furuya／文 古家正亨

やさしい韓国ごはん

はじめに

日本人の夫と結婚して日本に来て以来早10年。
家に人を呼んでおもてなしすることが大好きだったので、そのたびに得意な韓国料理を作ると、皆さんからとても美味しいと褒められることが嬉しくて、いつか料理をベースに仕事をしてみたいと思いました。
あっという間に時間がたち、その夢は現実になり、料理本を出させていただいたり、定期的に開いている料理教室は常に満席になり、今はこうやって新しいレシピ本を出版させていただくことになりました。
その間に息子が生まれ、離乳食が始まると同時に、いつも作っていた辛くて刺激のある韓国料理をどのようにすれば、子どもも美味しく食べられるものにできるのかを意識するようになったのです。
それが意外と、自分の今まで思っていた韓国料理の概念を見直すきっかけにつながり、極力、日本で手に入る食材を活用しながらも、やさしい味わいの韓国料理を作りたいという気持ちになりました。
幸い、そういった思いで作ってきたレシピが、皆さんにもとても反応が良く「辛いものは苦手なんだけど、これなら食べられる」という声もたくさんいただいたり…。
それと同時に「韓国料理」といえば思い浮かぶ、赤くて茶色っぽい印象を、見た目にもよりやさしくカラフルなものに、まるでカフェ料理のような楽しみのあるスタイリングにしたいという気持ちを実現したのがこの本なのです。
どうか皆さんにとって、韓国料理をより身近に感じられるきっかけになる一冊になりますように…！

Mina Furuya　ホミン

# CONTENTS

はじめに —— 2

食材＆道具 —— 6

合わせダレ —— 8

## PART 1
## *Main Dish*

### おもてなし料理としてもいける

豚カルビの梅干し煮 —— 10

チーズタッカルビと焼きめし —— 12

鶏の甘辛唐揚げ —— 14

コチュジャンプルコギ —— 16

韓国風ハンバーグ —— 18

チャプチェ —— 20

海鮮チヂミ —— 22

串チヂミ —— 24

そば粉チヂミ —— 26

えごまの葉の肉詰めチヂミ —— 28

あさり汁 —— 29

豆腐キムチ —— 30

牛肉大根スープ —— 32

スンドゥブチゲ —— 34

タッカンマリ —— 36

タットリタン —— 38

さわらのカレー粉焼き —— 40

さばのピリ辛煮つけ —— 42

COLUMN 韓国料理とにんにく —— 44

■本書で使用している計量スプーン、計量カップ
小さじ1…5cc、大さじ1…15cc、1カップ…200cc（1cc＝1mℓ）

## PART 2
### Rice & Noodles

**家族が喜ぶごはんと麺**

卵焼きキムパ ── 46
お野菜たっぷりなプルコギキムパ ── 48
くるみとじゃこ炒めのおにぎり ── 49
ひき肉のプルコギおにぎり ── 50
ビビンバ ── 52
大豆もやしのビビンバ ── 54
ビビン麺 ── 56
韓国風すいとん ── 58

COLUMN 『冬のソナタ』のロケ地、江原道・春川の
ローカルフードだったタッカルビ ── 60

## PART 4
### Sweets & Snacks

**思わず食べたくなる、韓国風おやつ**

ホットク ── 78
韓国風きな粉餅 ── 80
薬食（韓国風おこわ）── 82
なつめ生姜茶 ── 84
屋台トースト ── 86
チーズハットグ ── 88
白雪餅 ── 90

COLUMN 生後100日パーティーと
1歳のお誕生日祝い ── 92

おわりに ── 94

## PART 3
### Easy Side Dish

**ナムルやキムチと簡単おかず**

ナムル ── 64
ししとうのピリ辛あえ ── 66
蒸しなすのナムル ── 67
韓国のり入り卵焼き ── 68
干しだらのコチュジャンあえ ── 69
切り昆布のごま油炒め ── 70
小魚とじゃがいもの炒め物 ── 71
コッチョリ（浅漬けキムチ）── 72
水キムチ ── 74
きゅうりとわかめの冷スープ ── 75

COLUMN 韓国料理においての
반찬（パンチャン）── 76

# INGREDIENTS & TOOLS

## 食材＆道具

今や新大久保の韓国食材店やネット通販でも
簡単に購入できるようになっている韓国ならではの食材や調理用具。
この本のメニューにも使われているものを中心にご紹介します。

북어포 , 황태채

## 1. 干しだら

プゴックに入る食材としても知られている干しだら。かつては国民の魚とも呼ばれ、p.69で紹介しているコチュジャンあえなど、干しだらを活用した料理は数多くある。

당면

## 2. 韓国春雨

チャプチェ（p.20〜21）に主に使われる韓国春雨。日本のものよりも太くてぷりぷりとした食感が特徴。煮物やお鍋料理に入れることもある。

김밥용김

## 3. キムパ用のり

一般的に知られている韓国のりの調味のりと違って、日本ののり巻きのりと同様に厚地になった大きめの焼きのり。

고추장

## 4. コチュジャン

カンジャン（韓国醤油）、テンジャン（韓国味噌）とともに、韓国料理を代表する発酵調味料。唐辛子粉をベースに大豆麹、餅米粉、塩で漬け込んで熟成させたもの。

떡볶이떡

## 5. トッポッキ餅

うるち米で作られた細長いお餅。国民的な間食であるトッポッキに入れる以外にも、鍋料理などさまざまな料理で活用する。（p.14、p.36）

고춧가루

## 6. 唐辛子粉

韓国料理において欠かせない大量に消費される唐辛子粉。少なくとも1kg単位から売られることが多い。実は辛さや粗さにも多くの種類があり、一般的には日本の一味よりも粗びきのものが使われる。

액젓

## 7. 魚醤（しょっつる）

キムチの素、あえ物、スープ料理などに幅広く使われる調味料。魚の種類によって鰯液젓（いわし）、까나리액젓（いかなご）、참치액젓（まぐろ）など、細かく分類され使われることも。

국간장 , 조선간장

## 8. 朝鮮醤油

日本の薄口醤油と同じように熟成期間が短いため、色が薄く、塩気が強い。素材本来の彩りを生かすナムルやスープなどの調理に適した醤油。

매실청

## 9. 梅シロップ

旬の梅を砂糖に漬け込んでシロップにさせたもの。薄めて飲料として飲むと特に消化不良によく効くとされ、韓国の一般家庭でよく飲まれている。最近の傾向は、煮物やあえ物などの料理にもよく使われている。

마늘빻기

## 10. にんにくつぶし機

韓国料理のほとんどにおいて、にんにくが大量消費されるため、各家庭に一つは常備されているもの。スーパーなどで売られている大きい瓶に入った、にんにくのすりおろしを使う家庭も増えている。

호떡누르개

## 11. ホットクの押し機

p.78〜79のホットクを焼くときに、なるべく薄くのばすために使われる道具。500円程度の手軽な値段で購入できるので、韓国旅行のお土産としてもおすすめ。

---

**「てんさいオリゴ」について**

韓国料理には、つやや照りを出すために砂糖の代わりに水あめがよく使われることもあり、私は砂糖の代わりに「北海道てんさいオリゴ」をよく使っています。まろやかな甘みがあって、料理にも使いやすいのでオススメです。砂糖を代わりに使う場合には、分量より少し少なめ（8分目）を入れましょう。

# SAUCE

## 合わせダレ

この本の中に紹介しているメニュー（チヂミなど）と合わせても、また独自で活用してもよい、合わせダレをいくつかご紹介。
なお、数字は比率で表記していますので、好きな分量で作ってみましょう。

### チヂミのタレ

油をたくさん使っているチヂミには甘酸っぱいタレをつけて食べるとよりサッパリして美味しくいただけます。玉ねぎのみじん切りをたっぷり入れるのがおすすめ。

醤油　2
＋
酢　1
＋
てんさいオリゴ（p.7参照）　1
＋
玉ねぎ（粗みじん切り）　1
＋
ごま油　0.3
＋
いりごま　0.3
＋
鷹の爪（ちぎり）　0.3
＝

### プルコギダレ

チャプチェに入る牛肉から、さまざまな料理に入るひき肉の下味つけにいたるまで…。この味つけさえ覚えておけば、いつでもプルコギの味が楽しめます。

醤油　3
＋
てんさいオリゴ（p.7参照）　2
＋
ごま油　2
＋
酒　1
＋
にんにく（すりおろし）　0.5
＋
長ねぎ（みじん切り）　2
＋
いりごま　0.5
＋
コショウ　少々
＝

### ピリ辛チョレギサラダドレッシング

季節の生野菜にサッとあえてサラダに。おすすめはサンチュやベビーリーフをベースに、きゅうりとにんじん、りんごのスライスなどをトッピングするアレンジ。

唐辛子粉　1
＋
醤油　1
＋
魚醤　1
＋
酢　2
＋
てんさいオリゴ（p.7参照）　1.5
＋
ごま油　2
＋
にんにく（すりおろし）　0.5
＋
長ねぎ（みじん切り）　2
＋
いりごま　1
＝

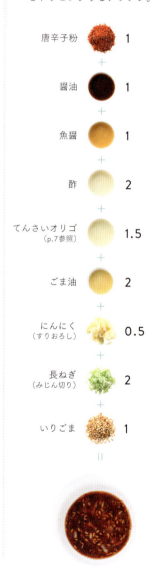

KOREAN CUISINE

## PART 1

# Main Dish

초대음식으로도 손색 없는 메인요리

おもてなし料理としてもいける

- SPARERIB BRAISE -

- CHEESE DAKGALBI -

- YANGNYEOM CHICKEN -

- GOCHUJANG BULGOGI -

- KOREAN MEATBALL -

- JAPCHAE -

- SEAFOOD JEON -

- SKEWERED JEON -

- BUCKWEAT JEON -

- PERILLA LEAF JEON -

- CLAM SOUP -

- KIMCHI SAUTÉ WITH TOFU -

- BEEF AND RADISH SOUP -

- SUNDUBU JJIGAE -

- DAKHANMARI -

- DAKTORITANG -

- CURRY CERO GRILL -

- MACKEREL BRAISE -

栄養満点でごはんがすすむ、
みんなが大好きなメインディッシュ！

갈비찜

# · SPARERIB BRAISE ·

## 豚カルビの梅干し煮

梅干しを使って、
カルビをよりさっぱり、味わい深く…

### ◆材料（約2人分）

豚のスペアリブ … 約500ｇ
クレソン … 適量（なければ長ねぎの輪切り）

タレ

A
　水 … 200cc
　醤油 … 大さじ4
　酒 … 大さじ2
　砂糖 … 大さじ2
　梅シロップ … 大さじ2
　　（なければいちごジャム）
　梅干し果肉（たたき）… 1個分
　玉ねぎ（みじん切り）… ½個分
　にんにく（すりおろし）… 2かけ分
　ごま油 … 大さじ1
　コショウ … 少々

### ◆作り方

1. 豚のスペアリブは沸騰したお湯に入れて5分くらい煮立たせたのち、ざるにあけて流水で軽く汚れを洗い流す。
2. 煮物用の鍋に1のスペアリブとAのタレの材料を入れて火にかける。
3. 煮立ったら中弱火にしてふたをし、約10分くらい煮る。
4. ふたを開けて肉をひっくり返したあと、煮汁をまんべんなくかける。
5. 改めてふたをして弱火で10分以上煮込む。
6. ふたを開けて煮汁をこまめにかけながら煮込む。
7. つやが出てきて煮汁がほとんどなくなると完成。
8. お皿に入れ、クレソンを盛りつける。

### 日本の食材でアレンジも

韓国名節料理を代表する갈비찜(カルビチム)。本場ではよく栗やいも、にんじんなどを入れて煮込みますが、今回のレシピでは日本の梅干しを使ってアレンジしてみました。酸味が効いてより美味しいですよ。このメニューは誰が作っても失敗なしで、誰が食べても喜んでくれるような自信作なので、ぜひお試しください。

KOREAN CUISINE

치즈닭갈비

# • CHEESE DAKGALBI •

## チーズタッカルビと焼きめし

流行りのメニューをご家庭で簡単に、
さらに美味しく。

# チーズタッカルビ

◆ 材料（約2〜3人分）
鶏肉 … 400ｇ
キャベツ … ¼個（約200ｇ）
玉ねぎ … ½個（約100ｇ）
にんじん … ⅓個（約60ｇ）
さつまいも … 中サイズ 1 個
トッポッキ餅 … 約10個
長ねぎ … ½本
えごまの葉 … 約10枚
サラダ油 … 大さじ 3
かけるチーズ … お好みの量

タレの材料

A
- 唐辛子粉 … 大さじ 4
- 醤油 … 大さじ 4
- コチュジャン … 大さじ 4
- カレー粉 … 大さじ 1
- 砂糖 … 大さじ 2
- てんさいオリゴ（p.7参照）… 大さじ 2
- にんにく（すりおろし）… 3 かけ分
- ごま油 … 大さじ 1

◆ 作り方
1. 鶏肉は食べやすい大きさに切る。
2. Aの材料をすべて混ぜて⅔の量を鶏肉と混ぜ、冷蔵庫でしばらく休ませる。
3. 野菜などの下ごしらえをする。
    - キャベツはやや大きめに切る
    - 玉ねぎとにんじんは千切りにする
    - さつまいもは厚さ１cmの一口サイズに切る
    - 長ねぎは斜め薄切り、えごまの葉はちぎっておく
4. 大きなフライパンにサラダ油をひいて温まったら 2 の鶏肉を入れて炒める。
5. 鶏肉に火が通り始めたら、さつまいも→にんじん→玉ねぎ→餅の順で入れながら炒める。
6. おおよその野菜に火が通ったらキャベツを入れ、残りのタレを少しずつ混ぜながらお好みの辛さに調整する。
7. 長ねぎやえごまの葉を入れてサッと混ぜたのち、真ん中にチーズを入れてふたをし、しばらく弱火で火にかける。
8. 軽く蒸らす感じでチーズが溶けたら完成。

# 焼きめし

タッカルビを食べたあとのもう一つの楽しみ方は、焼きめしを作って食べること。
大きなホットプレートを使ってみんなで最後まで美味しくいただくのもおすすめです。

◆ 材料（約1〜2人分）
ご飯 … 1 膳
タッカルビの残り … 少々
刻んだキムチ … 100ｇ
ごま油 … 大さじ1
韓国のり … 適量
いりごま … 少々

◆ 作り方
1. タッカルビを作ったフライパンにごま油をひいて加熱する。
2. 鍋が温まったら、残ったタッカルビと刻んだキムチ、ご飯を入れてヘラで絡めながら炒める。
3. 最後に手もみした韓国のりといりごまをかけて食べる。

# ·YANGNYEOM CHICKEN·

닭강정

## 鶏の甘辛唐揚げ

スナック感覚で。誰もが好きになる美味しさ

◆材料（約2人分）

鶏のもも肉…400g
サラダ油…約1ℓ（鍋にたっぷり入るくらい）
（あれば）ピーナッツ（刻み）…少々

下味の材料

A
生姜（すりおろし）…小さじ½
カレー粉…小さじ½
塩・コショウ…各少々

衣

B
もち粉…100g
水…150cc
塩…小さじ½
ベーキングパウダー…小さじ½

タレ

C
コチュジャン…大さじ1½
ケチャップ…大さじ1½
いちごのジャム…大さじ1
ウスターソース…小さじ1½
みりん…大さじ1½
てんさいオリゴ（p.7参照）…大さじ1½
にんにく（すりおろし）…1½かけ分
生姜（すりおろし）…小さじ½
ごま油…大さじ1½
コショウ…少々

＊お好みで
キャンディー棒…適量
トッポッキ餅…適量
サラダ油…適量

◆作り方

1. 鶏肉は一口サイズに切り、Aの材料と混ぜておく。
2. ボウルにBを入れてよく混ぜる。
3. 2の衣の生地に1の鶏肉を一つずつ入れて、まんべんなくつけ、たっぷりの油できつね色になるまで揚げる。
4. サクサクの食感にするために、揚がった鶏肉を再度サッと揚げる。
5. Cの材料をソースパンに入れて、弱火で混ぜながら煮立たせて、少し煮詰めたあと、火を止める。
6. 4を5のタレに絡めて、刻んだピーナッツをふりかければ完成。

＊（トッポッキ餅をアレンジする場合）フライパンにサラダ油をひいてトッポキ餅を転がしながら焼く。その後、キャンディー棒に6の鶏肉と餅を交互に刺してお皿に飾る。

＊トッポッキ餅は、油で揚げると破裂して油が跳ね上がり火傷の恐れがあるため、絶対に揚げずに、フライパンに少量の油を引いて素早く焼いてください。

## キャンディーボールのようにアレンジ

もち粉を使って揚げる際には衣がくっつきやすく、入れすぎると表面が揚がる前にすべてがくっついてしまう可能性が高いので、一度にたくさん入れないように気をつけながら揚げましょう。トッポッキ餅をフライパンで焼いて、唐揚げと一緒に棒に刺してキャンディーボールのようにかわいらしくアレンジをすれば、パーティーメニューにもぴったりですね。

KOREAN CUISINE

고추장불고기

# • GOCHUJANG BULGOGI •

## コチュジャンプルコギ

韓国家庭料理の定番。
お弁当でも、おもてなし料理としてもいける
万能選手

◆材料（約2～3人分）

A
- 豚肉（切り落とし）… 300g
- 大豆もやし … 200g
- 玉ねぎ … ½個（約100g）
- にんじん … 40g
- 長ねぎ … 40g
- サラダ油 … 大さじ1

＊どんぶりにする場合は、ご飯を用意する

タレの材料

B
- コチュジャン … 大さじ1
- 唐辛子粉 … 大さじ1
- 醤油 … 大さじ1
- オイスターソース … 大さじ½
- てんさいオリゴ（p.7参照）… 大さじ1
- 梅シロップ … 小さじ1
- ごま油 … 大さじ½

肉の下味

C
- にんにく（すりおろし）… 2かけ分
- 醤油 … 大さじ1
- みりん … 大さじ1
- 酒 … 大さじ½
- 砂糖 … 大さじ½
- ごま油 … 小さじ1
- コショウ … 少々

※薬味の材料（お好みで）… 万能ねぎ、
えごまの葉、いりごま、ナッツ など

◆作り方

1. 豚肉とCを軽く混ぜて少し休ませる。
2. タレを作る。Bの材料をすべてよく混ぜておく。
3. 野菜や薬味の下準備をする。
   - 大豆もやしはゆでて、ごま油と塩少々（分量外）と混ぜておく。
   - Aの玉ねぎとにんじんは千切りにし、長ねぎは、斜め薄切りにする。
   - 薬味の万能ねぎは小口切り、ナッツは刻み、えごまの葉は薄い千切りにする。
4. フライパンにサラダ油をひいて温まったら1を入れて炒める。
5. 肉に火が通ったら玉ねぎとにんじん、2のタレを入れて炒める。
6. 野菜に火が通り水分が出始めたら、長ねぎを入れて軽く炒めて完成。
7. お好みで薬味をトッピングし、大豆もやしと一緒にいただく。

＊どんぶりにする場合には、器にご飯と6をのせ、大豆もやしと薬味をトッピングする。

### ご飯のおかずにぴったり

牛丼のように、これ一つでご飯がすすむ料理です。作りたても美味しいのですが、少し時間がたって、肉に味がしっかりしみ込んだものも、とても美味しいんです。なので、一度にたくさん作ることをおすすめ。韓国人にはお弁当のおかずとしても長く愛され続けているこのメニューの名前は、제육볶음（精肉炒め）としても知られています。

떡갈비

# • KOREAN MEATBALL •

## 韓国風ハンバーグ

にんにくの効いた韓国風肉団子

◆材料（約2～3人分）

A
- 牛のひき肉 … 250ｇ
- もち粉 … 大さじ 1
- 醤油 … 大さじ 2
- 砂糖 … 大さじ 1
- 玉ねぎ（すりおろし）… 50ｇ
- にんにく（すりおろし）… 2 かけ分
- 長ねぎ（みじん切り）… 10ｇ
- ごま油 … 大さじ 1
- （あれば）松の実（みじん切り）… 5ｇ
- コショウ … 少々

照りソース

B
- 醤油 … 小さじ 1
- 梅シロップ … 小さじ 2
- ごま油 … 小さじ 1

サラダ油

◆作り方

1. Aの材料をボウルに入れてよく混ぜたあと、冷蔵庫に入れて少し休ませる。
2. お好みの大きさに丸める。
3. 加熱したフライパンにサラダ油をひいて 2 をのせて、焼き目をつけたあと、ふたをして両面をしっかり火が通るまで焼く。
4. Bをよく混ぜて、オイルブラシなどを使って 3 の表面に塗ると完成。

### お餅との「密」な関係

［ by 古家 ］

韓国風ハンバーグはいわゆる떡갈비（トッカルビ）といわれているものですが、この韓国語で「トッ」という言葉は「お餅」のことを意味しています。実際に材料にお餅を入れるわけではないんですが、かつては平らにして焼くことが多く、お餅のように見えるためそう名づけられたようです。でも韓国では家庭で作るとき、トッポッキの餅を骨代わりにして、原始時代のアニメに出てきそうなお肉のように巻きつけて焼く人が多いんですけど、そう考えるとお餅を使うのは必然だったということでしょうか？

잡채

# ·JAPCHAE·

## チャプチェ

子どもも大好きな
韓国の祝い事料理の代名詞

### ◆材料（約2〜3人分）

A ┌ 韓国春雨 … 100ｇ

B ┌ ほうれん草 … 約200ｇ
  │ ごま油 … 大さじ1
  └ 塩 … 少々

C ┌ 玉ねぎ … 約100ｇ
  │ にんじん … 約60ｇ
  │ サラダ油 … 大さじ1
  └ 塩 … 少々

D ┌ 牛肉（切り落とし）… 150ｇ
  │ うすひら茸 … 100ｇ（しいたけなどでも可）
  └ サラダ油 … 少々

E ┌ 卵 … 2個
  │ みりん … 大さじ1
  │ 塩 … 少々
  └ サラダ油 … 少々

タレの材料

F ┌ 醤油 … 大さじ4
  │ てんさいオリゴ（p.7参照）… 大さじ2 ½
  │ ごま油 … 大さじ2
  │ 酒 … 大さじ1
  │ にんにく（すりおろし）… 2かけ分
  │ 長ねぎ（みじん切り）… 20ｇ
  │ いりごま … 小さじ2
  └ コショウ … 少々

いりごま … 少々

### ◆作り方

1. Fのタレの材料をよく混ぜておく。
2. Bのほうれん草は半分に切って下ゆでする。流水で洗い、水気をしっかりきってから塩とごま油であえておく。
3. Cの玉ねぎは8mm、にんじんは5mmくらいの千切りにして、加熱したフライパンにサラダ油をひいて、塩を少しふって火が通るまで炒める。
4. Eの材料をボウルに入れてよく混ぜたのち、サラダ油をひいて温めたフライパンでやや太めの錦糸卵を作って食べやすい千切りにする。
5. Aの春雨を約6分間下ゆでしたあと、ざるにあける。
6. Dの牛肉は食べやすい大きさに切り、うすひら茸は食べやすくさいてから、1のタレを大さじ3入れてあえておく。フライパンにサラダ油をひいて温まったら牛肉に火が通るまで炒めて取り出しておく。
7. 大きめのフライパンを加熱し、5と、1の残りのタレをよく混ぜながら味がしみ込むまで炒める。
8. そこに2、3、4、6を入れて混ぜながらサッと炒め、いりごまをかけたらでき上がり。

### 実は中華料理の影響が… 〔by 古家〕

僕が初めてチャプチェを食べたのは、韓国の中華料理店でした。そのときは、チャプチェパプといって、ご飯の上にチャプチェがのせられた、いわゆる丼ものとして食べたのが初めてだったんですが、そもそもチャプチェは昔は醤油ベースで多くの野菜を炒めるものだったんです。その後、中国から「唐麺」と呼ばれる韓国春雨が入ってくると、チャプチェに麺を混ぜたものが普及。今のスタイルになったといわれています。なので韓国料理店だけでなく、中華料理店でも扱っているんですね。

*Craving for a specialty?*
*Try Korean's rainy day favorite,*
*Savory Seafood Pancakes!*

해물파전

# • SEAFOOD JEON •

## 海鮮チヂミ

外はカリカリ、中はしっとりと美味しい

◆ 材料（約3枚分）

むきえび … 60ｇ

いか … 60ｇ

むきあさり（もしくはお好みの貝類）… 60ｇ

にんじん … 50ｇ

ズッキーニ … 50ｇ

玉ねぎ … 20ｇ

にら … 30ｇ

万能ねぎ … 1 束

溶き卵 … 2 個分

サラダ油 … 適量

衣の材料

A ┌ チヂミ粉 … 120ｇ
  │ 片栗粉 … 30ｇ
  └ 水 … 200cc

＊つけダレはp.8を参照

◆ 作り方

1. えびといかは食べやすい大きさに切る。 にんじんとズッキーニ、玉ねぎは千切りに、にらは食べやすい長さに切る。

2. 万能ねぎは20cmくらいの長さに切る。

3. ボウルにAを入れてよく混ぜ、海産物と1の野菜をすべて入れてサッと混ぜ合わせる。

4. 直径20cmくらいのフライパンにサラダ油をたっぷりひいて、温まったら3を⅓くらい注ぎ入れる。

5. その上に万能ねぎを適量並べ、溶き卵をねぎの上からかける。

6. チヂミの裏側がきつね色になったら裏返し、全体に火が通るまでじっくり焼いてでき上がり。

7. 残りの生地も同じように焼いていく。つけダレ（＊）につけていただく。

### 雨の日にチヂミ

韓国では、チヂミを焼くときの音が、雨が降るときの音と似ているということから、雨の日にはチヂミを食べる習慣があります。今回ご紹介しました海鮮チヂミのように豪華な材料を入れなくても、チヂミの生地に、シンプルににらやズッキーニ、白菜、せりなど、家にあるものを入れて焼くだけでも、とても美味しいのでぜひお試しください。

꼬치전

# • SKEWERED JEON •

## 串チヂミ

一度食べだすと止まらない
名節や祭事料理の定番メニュー。

### ◆ 材料（12本分）

A
- かにかま（5〜6cmのもの）… 12本
- わけぎねぎ … 約4本
- エリンギ … 2本
- 牛肉（焼き肉用）… 6枚くらい

プルコギのタレ

B
- 醤油 … 大さじ1
- 砂糖 … 大さじ1
- 酒 … 小さじ1
- ごま油 … 小さじ1
- にんにく（すりおろし）… 1かけ分
- 長ねぎ（みじん切り）… 小さじ1
- すりごま … 少々
- コショウ … 少々

串 … 12本
薄力粉 … 適量
ごま油 … 適量
塩 … 適量
溶き卵（塩・コショウで味つける）… 2個分
サラダ油 … 適量

### ◆ 作り方

1. Aの材料はすべて長さをそろえて切る。切ったエリンギはサッと下ゆでし、塩・ごま油とあえておく。
2. Bの材料は混ぜたあと、1の牛肉と混ぜて10分以上休ませておく。
3. 下準備ができた1と2の材料を順番に1本ずつ串に刺して12本作り、表面に小麦粉をふる。
4. 加熱したフライパンにサラダ油をたっぷりひいて、3の串に溶き卵をつけて焼いていく。
5. 牛肉は火が通るくらいでよいので、全体的にきれいな色味が出るように焼けば終わり。

### 名節や祝日には家族みんなで

核家族化が進んでいるものの、今でも韓国ではお正月やお盆など名節や祝日になると家族が集まって一緒に料理を作ります。その中でもこの串チヂミは皆が大好きな定番料理です。牛肉の代わりにハム、エリンギの代わりにしめじなど、用意できるものを活用してみんなでわいわい楽しみながら作ってみましょう。

메밀전

# • BUCKWEAT JEON •

## そば粉チヂミ

見た目も味も優しく
そばの香りもしっかり生きている

◆ 材料（約2枚分）

白菜の浅漬け … 4～5枚
春菊 … 適量
万能ねぎ … 約10本
ピーナッツ（細かく刻む）… 少々
鷹の爪（輪切り）… 適量
サラダ油 … 適量

チヂミの生地

A
- そば粉 … 70g
- チヂミ粉もしくは薄力粉 … 30g
- 水 … 260cc

豚のひき肉プルコギ

B
- 豚のひき肉 … 約100g
- 醤油 … 大さじ1
- みりん … 大さじ1
- 砂糖 … 小さじ1
- にんにく（すりおろし）… 1かけ分
- 長ねぎ（みじん切り）… 大さじ1
- ごま油 … 大さじ1
- コショウ … 少々

＊つけダレはp.8を参照

◆ 作り方

1. ボウルにAを入れて泡立て器でよく混ぜておく。
2. そば粉焼きの上を飾る食材の下準備をする。白菜の浅漬けは軽くしぼり、万能ねぎは焼きたい直径の長さに切っておく。春菊はきれいな葉を選んでおく。
3. Bはすべて混ぜて水分をとばすように炒めておく。
4. フライパンにサラダ油をひいて温まったら、1の生地を半分くらい、なるべく薄くなるように流し込む。
5. その上から2の材料と3のひき肉を素早く飾りつけ、底面がきつね色に焼けたらひっくり返す。
6. 底面にサラダ油を少しずつ足しながら裏側もきつね色になるまでしっかり焼く。
7. お皿に移し、鷹の爪を飾り、ピーナッツをふりかけたら完成。つけダレ（＊）につけていただく。

### そばの実の産地、江原道（カンウォンド）

韓国の北東に位置する江原道という地方は、四季がはっきりしていて寒暖の差もあるため、韓国唯一のそばの実の産地として知られています。そのため、そば粉を使った麺料理をはじめ、この地方でしか食べることのできない、そば料理が数多く存在します。このチヂミもまさに韓国では、江原道ならではの料理なのです。

깻잎전

# • PERILLA LEAF JEON •

## えごまの葉の肉詰めチヂミ

えごまの葉の香りと
ひき肉の風味のケミ（化学反応）

◆材料（約2人分）
えごまの葉…約10枚
チヂミ粉…30ｇ
溶き卵…2個分
サラダ油…適量

A
- 合いびき肉…約150ｇ
- 長ねぎ（みじん切り）…大さじ2
- にんにく（すりおろし）…1かけ分
- 醤油…大さじ½
- みりん…小さじ1
- チヂミ粉…小さじ1
- 砂糖…小さじ½
- ごま油…小さじ1
- コショウ…少々

＊つけダレはp.8を参照

◆作り方
1. えごまの葉はさっと洗って水気をきる。そのあと表にチヂミ粉を薄くまぶしておく。
2. ボウルに溶き卵の¼とAをすべて入れてよく混ぜておく。
3. えごまの葉に2を薄く詰めて縦半分に折り、チヂミ粉をつける。
4. フライパンにサラダ油をひいて温まったら、3に残りの溶き卵をつけて中まで火がしっかり通るまでじっくり焼く。
5. つけダレ（＊）につけていただく。

바지락국

## • CLAM SOUP •

### あさり汁

思わずそうめんを入れたくなる…

◆材料（約2人分）
あさり（砂抜き）… 約400ｇ
水 … 600cc
昆布 … 1枚（5cm×10cm）
酒 … 大さじ1
にんにく（すりおろし）… 2かけ分
（お好みで）鷹の爪（ちぎり）… 1本分
にら … 約20ｇ
塩・コショウ … 各少々

◆作り方
1. あさりはよく洗う。にらは2〜3cm長さに切る。
2. 鍋に水と昆布を入れて火にかけ、沸騰したら昆布を取り出す。
3. 2の鍋にあさりと酒を入れてあくを取りながらしばらく煮込む。
4. あさりが口を開け始めたら、にんにくと鷹の爪を入れる。
5. 最後に塩・コショウで味を調えたあと、にらを入れてサッと混ぜたら完成。

두부김치

# •KIMCHI SAUTÉ WITH TOFU•

## 豆腐キムチ

相性抜群なその食べ方に驚くこと必至

◆材料（約2人分）

豆腐（木綿）… 約350ｇ

キムチ … 約150ｇ

豚バラ肉（スライス）… 約120ｇ

梅シロップ … 大さじ 1

朝鮮醤油（なければ醤油）… 大さじ ½

ごま油 … 大さじ 2

いりごま … 少々

塩・コショウ … 各少々

チヂミ粉 … 50ｇ

サラダ油 … 適量

＊（好みで）チャービルなどの葉 … 適量

◆作り方

1. 豆腐は水気を拭き取って食べやすい大きさに切った後、塩・コショウをふっておく。キムチは幅2〜3cmくらいの食べやすい大きさに切っておく。

2. 加熱したフライパンにごま油をひいて、豚バラ肉を炒める。火が通って脂がしみ出たらキムチを加えて炒める。

3. 豚肉とキムチがよく混ざり合ったら、火を弱くして梅シロップと朝鮮醤油を入れ、サッと炒める。火を止めてお皿に盛りつけ、いりごまをふる。

4. 別のフライパンにサラダ油をひいて熱し、1の豆腐にチヂミ粉を軽くつけて両面を焼く。

5. きつね色に焼けたら3と一緒に盛りつける。

＊おもてなし用に仕上げたい場合は、4の豆腐を焼く前にチャービルなどの葉を貼りつけて焼く。

### 豚バラ肉の脂とごま油で変わるキムチ

キムチの美味しい食べ方、こんなふうにアレンジできるってご存じでしたか？ 豆腐のまろやかな味わいと、とてもよくマッチングするキムチのピリ辛炒めが食欲をそそります。ポイントは、豚バラ肉から出る脂とたっぷりのごま油でキムチを炒めること！ちょっとしたお酒のつまみとしても、おもてなしの一品としても大活躍できる「豆腐キムチ」です。

*The hot steamy beef soup brings comfort and warmth on your table.*

소고기무국

# • BEEF AND RADISH SOUP •

## 牛肉大根スープ

牛肉と大根の隠れた魅力を引き出す
にんにくが効いたスープ

◆材料（約4人分）
牛肉（煮込み用など）… 約100ｇ
大根 … 約300ｇ
水 … 1.2 ℓ
ごま油 … 大さじ 2
朝鮮醤油 … 大さじ 2
にんにく（すりおろし）… 2 かけ分
万能ねぎ（小口切り）… 大さじ 1
コショウ … 少々

◆作り方
1. 牛肉は食べやすい大きさに、大根は5mmくらいの薄さで一口サイズに切っておく。
2. 大きい鍋に、にんにくとごま油を入れて、にんにくの香りが出るまで加熱する。
3. 牛肉と大根、朝鮮醤油を入れてじっくり炒める。
4. 大根に火が通ったら水を入れて沸騰させる。
5. あくを取りながらしばらく煮込む。
6. 肉と大根がやわらかくなったらねぎとコショウを入れてでき上がり。

### パワーの源 〔 by 古家 〕

留学時にお世話になった下宿のおばさんが「このスープ食べて元気つけてね」と朝ごはんで出してくれたこのスープ。牛肉から出ただしとにんにくのパンチの効いたその初めて体験する味に、感動を覚えたものです。クセになるその味は、ぜひ試していただきたいですし、確かに食べたら自然と元気がわいてくる不思議なスープです。

순두부찌개

# · SUNDUBU JJIGAE ·

## スンドゥブチゲ

市販のスンドゥブの素がなくても簡単に
美味しく作れるレシピ

◆材料（2〜3人分）

豆腐（絹ごし）… 1パック（約350ｇ）
水 … 200cc
あさり … 約150ｇ（砂抜き）
むきえび … 50ｇ
いか … 50ｇ
ズッキーニ … 60ｇ
うすひら茸 … 50ｇ
玉ねぎ … 50ｇ
卵 … 1個
万能ねぎ（小口切り）… 適量

A
ごま油 … 大さじ1
唐辛子粉 … 大さじ1
にんにく（すりおろし）… 2かけ分
豚バラ肉 … 80ｇ
玉ねぎ（みじん切り）… 大さじ2
長ねぎ（みじん切り）… 大さじ1
朝鮮醤油 … 大さじ1
砂糖 … 小さじ1

◆作り方

1. いかとむきえび、玉ねぎは一口サイズ。ズッキーニは薄切りの半月切りに切っておく。うすひら茸はさいておく。
2. 鍋にAの材料を入れて、焦げないように弱火でよく絡めながら炒める。
3. 豚肉に火が通って油がしみ出たらえびといか、玉ねぎを入れて火を強くして炒める。
4. 水とあさりを入れて、さらに火を強くして沸かす。
5. あさりの口が開いたらズッキーニとうすひら茸を入れてサッと混ぜる。
6. 豆腐をスプーンで大きくすくいながら入れる。その後、卵を落とす。
7. 豆腐が膨らんできたら火を止め、ねぎを散らしてでき上がり。

### 必ず美味しくできるレシピ

今は日本人にもおなじみの、みんなに愛されているスンドゥブチゲ。意外と簡単に、しかもとても美味しく作れるレシピをご紹介しました。海産物はもちろん、豚バラ肉を使うことで、その脂身で深い味を出せます。豆腐は長く煮込むと水分が抜けて、すぐぼんでしまうので、膨らんだらすぐ火を止めましょう。

# ・DAKHANMARI・

닭한마리

## タッカンマリ

奥深いスープにほっこり

◆材料（約4人分）

鶏肉（さまざまな部位）…約1kg
水…1ℓくらい
じゃがいも…3個
にら…1束
トッポッキの餅…10個
コショウ…少々

A
- 酒…大さじ2
- 長ねぎ（白いところ）…2本分
- 玉ねぎ…1個
- にんにく…5かけ

タレの材料

B
- 唐辛子粉…大さじ2
- お湯…40cc
- ★醤油…大さじ6
- ★酢…大さじ3
- ★砂糖…大さじ1
- ★にんにく（すりおろし）…1かけ分
- マスタード…適量

◆作り方

1. じゃがいもは大きめの輪切り、にらは5cmくらいに切る。Aの長ねぎと玉ねぎは半分に切る。
2. 大きな鍋に鶏肉と水、Aをすべて入れて火にかけ、あくを取りながらじっくり煮込む。
3. Bのタレの下準備をする。
   3-1　唐辛子粉にお湯を入れてよくかき混ぜておく。
   3-2　★をすべて混ぜておく。
4. 鶏肉に火が通ってやわらかくなったら、1のじゃがいもを入れてしばらく煮込む。
5. じゃがいもに火が通ったら、餅を鍋に入れる。
6. にらはサッとゆでる感じで鍋に入れ、汁に絡めた後すぐ取り出しておく。
7. すべての具材がやわらかくなったら、それぞれの取り皿に取り分ける。
8. 3-2のタレを人数分に分けて入れたあと、3-1の唐辛子とマスタードを好みで入れてよく混ぜる。
9. 7を8のタレにつけて食べる。コショウもお好みでかける。

## 締めの麺

◆材料（約2人分）

残りのスープ…適量
中華麺（ゆで麺）…1人分
卵…1個
塩…適量
ねぎ（みじん切り）…少々

◆作り方

1. 鍋に残っているスープを火にかけ、塩で味を調える。
2. 沸騰したら麺を入れ、溶き卵を回しかけながら入れる。
3. 卵に火が通ったら火を止めて、ねぎをふりかける。

## 鶏を丸ごと煮込む料理

닭한마리（タッカンマリ）とは、닭（タッ：鶏）＋한마리（丸ごと1羽）を意味します。つまり、鶏を丸ごと1羽入れてグツグツ煮込んだのがタッカンマリ。サムゲタンなど、鶏1羽を使う料理が多い韓国では、さばいた鶏丸ごと1羽をよく売っているのですが、日本のスーパーではなかなか見かけないので、今回は手羽などいろんな部位を使った料理法をご紹介しました。

## 닭도리탕

# • DAKTORITANG •

## タットリタン

まるでカレーのように
ご飯にかけて食べても美味しい

◆材料（3〜4人分）

鶏肉（さまざまな部位）… 約１kg
水 … 適量
酒 … 大さじ３
じゃがいも … ２〜３個
にんじん … １個
玉ねぎ … １個
長ねぎ … 適量

タレの材料

A
唐辛子粉 … 大さじ４
コチュジャン … 大さじ２
醤油 … 大さじ４
てんさいオリゴ（p.7参照）… 大さじ３
にんにく（すりおろし）… ３かけ分
生姜（すりおろし）… 少々

◆作り方

1. じゃがいも、にんじん、玉ねぎは大きいサイズに切り、長ねぎは斜め薄切りにしておく。Aのタレの材料はよく混ぜておく。
2. 大きい煮込み用鍋に鶏肉を入れて肉がつかるくらいの水と、分量の酒を入れて火にかける。あくを取りながら沸騰させる。
3. ２の鍋に１のじゃがいも、にんじん、玉ねぎ、タレを入れてタレがよく絡まるように時々混ぜながらしばらく煮込む。
4. 鶏肉がやわらかくなって、野菜に火が通ったら完成。煮込み具合はお好みで調整する。
5. 食べるときに１のねぎをのせていただく。

**下宿では"ご飯泥棒"という名で** [ by 古家 ]

僕は留学中、韓国語をより早く学ぶために下宿に住んで、下宿のおばさんが作るご飯、その作り方を見て、その動作から韓国語の単語を覚えていきました。そのおばさんの手料理の中で、僕も、そしてほかの下宿生も大好きだったのが、このタットリタンでした。おばさんは、いつも鶏１羽を市場で買って、その大量の材料を圧力鍋を使って作ってくれたんですが、鶏肉から出るそのうまみと脂が美味しくて、下宿では"ご飯泥棒"というニックネームがつくほど、ご飯のおかずとして最高の友だったことを覚えています。

삼치카레구이

# • CURRY CERO GRILL •

## さわらのカレー粉焼き

魚を韓国風のムニエルで…

◆ 材料（約2人分）
さわら … 約200ｇ
チヂミ粉（もしくは薄力粉）… 約30ｇ
カレー粉 … 小さじ 1
塩・コショウ … 各少々
サラダ油 … 大さじ 1
（好みで）タイム … 適量

◆ 作り方
1. さわらは食べやすい大きさにカットして、軽く塩・コショウをふっておく。
2. チヂミ粉とカレー粉はよく混ぜておく。
3. フライパンにサラダ油をひいて加熱する。
4. 1 のさわらに 2 の粉を軽くつけて 3 のフライパンで焼いていく。＊このとき、タイムを一緒に焼いてもよい。
5. ふたをして両面を約 3 分ずつ、きつね色になるまで焼いたら完成。

### ふわっと美味しい魚の焼き方

グリルで魚を焼くことが多い日本とは違って、韓国での一般的な焼き方は、小麦粉や片栗粉をつけて油をひいたフライパンで焼いたものが多いんです。このような調理法で代表的なものが、太刀魚やさば、そしてさわら焼き。粉をつけて焼くことで、ふわっと焼き上がり、中はとてもしっとりした食感が楽しめますのでぜひお試しを。

고등어졸임

# •MACKEREL BRAISE•

## さばのピリ辛煮つけ

甘辛な味つけを施すだけで
おなじみの煮つけが韓国料理に

### ◆材料（2〜3人前）

さば … 4切れ（約400ｇ）
大根 … 300ｇ
玉ねぎ … ½個
水 … 500cc
昆布 … 1枚（5cm×10cm）
長ねぎ … ½本

タレの材料

A
醤油 … 大さじ3
唐辛子粉 … 大さじ1
てんさいオリゴ（p.7参照）… 大さじ1
砂糖 … 大さじ1
酒 … 大さじ1
にんにく（すりおろし）… 3かけ分
生姜（すりおろし）… 少々
コショウ … 少々
ごま油 … 大さじ½

### ◆作り方

1. 大根は1cmくらいの厚さのいちょう切りに。玉ねぎは千切り、長ねぎは薄切りにしておく。Aは混ぜておく。
2. 鍋に大根を並べて、昆布と水を入れて煮込む。
3. 沸騰したら昆布は取り出して、中火で大根に火が通るまで煮込む。
4. 大根に半分以上火が通ってやわらかくなったら、玉ねぎとさばをその上にのせ、Aのタレをかけてふたをしてさらに煮込む。
5. ときどき煮汁をかけながら煮込む。
6. 玉ねぎが透明になり全体的につやが出たら、長ねぎを入れて強火で汁をかけながら、さらに少し煮詰めてでき上がり。

### 日本料理のようで冒険のある味 ［by 古家］

僕が韓国留学時に下宿のごはんで一番好きだった料理が、この韓国風の魚の煮つけでした。どこか日本的な料理でありながら、にんにくと唐辛子が入ることで、安心と冒険が一度に味わえると言えばわかっていただけるでしょうか。さばを秋刀魚に代えても美味しいですよ。

COLUMN

# GARLIC & KOREAN CUISINE
### 韓国料理とにんにく

日本に来て、義理のお母さんの料理が美味しくて何度も「これはどうやって作るんですか？」と尋ねたら、その答えはだいたい「醤油、砂糖、みりんを入れて…」となるくらい日本料理には醤油、砂糖、みりんが欠かさずに入りますよね。それと同じくらい、韓国料理には必ずと言っていいほどにんにく、唐辛子、ねぎ、そしてごま油がたくさん入ります。その中でも、韓国料理におけるにんにくの役割は絶大なもの。

毎回、料理教室の準備で一番大変なことを挙げるとすれば、大量のにんにくをむいて、すりおろしておくこと。だいたい１回あたり20〜30かけをつぶして用意します。もちろん、市販のにんにくのすりおろしもあるのですが、生にんにくを使った方が抜群に美味しいので、面倒であっても直前につぶしてフレッシュなものを使うようにしているわけです。

美味しいだけではありません。食べたあとに自然とみなぎるその力は、にんにくならでは。ですからより新鮮なものなら、もっと力が出てくるだろうって考えるのは自然ですよね。元気のないときには、にんにくをたっぷり入れた韓国料理を食べてにんにくの力を実感してほしいですね。

KOREAN CUISINE

## PART 2

# Rice & Noodles

맛있는 밥과 면요리

家族が喜ぶごはんと麺

· ROLLED OMLETTE GIMBAP ·

· VEGGIE BULGOGI GIMBAP ·

· JAKO AND WALNUT RICE BALL ·

· RICE BALL WITH BEEF BULGOGI ·

· BIBIMBAP ·

· RICE BOWL WITH BEAN SPROUTS ·

· KOREAN SPICY NOODLE ·

· HAND-PULLED DOUGH SOUP ·

お出かけに持参したいごはん料理と
手軽で美味しい麺料理e.t.c…

KOREAN CUISINE

Rolled Omlette Gimbap

Veggie Bulgogi Gimbap

계란말이김밥

# • ROLLED OMLETTE GIMBAP •

## 卵焼きキムパ

子どもも喜ぶ優しい味わい

◆ 材料（約4本分）

ご飯 … 約200ｇ

ごま油 … 大さじ1

塩 … 小さじ½

いりごま … 小さじ1

キムパ用のり（14cm×9cmにカット
　したもの）… 4枚

※ごま油 … 小さじ1

卵焼きの材料

A

★卵 … 4個

★みりん … 大さじ1

★醤油 … 小さじ1

★スライスハム（みじん切り）… 30ｇ

★長ねぎ（みじん切り）… 30ｇ

サラダ油 … 適量

◆ 作り方

1. ご飯が温かいうちにご飯とごま油、塩、いりごま
　をよく混ぜておく。

2. Aの★をよく混ぜて溶き卵を作っておく。

3. 卵焼き用フライパンにサラダ油をひいて卵焼きを
　4本作る。丸く巻くことを意識してなるべく細
　く巻くことがポイント。

4. 1のご飯50ｇをキムパ用のりに薄く敷いて、3
　の卵焼きを1本のせてのり巻きのように巻いて
　いく。これを4回繰り返す。

5. ※のごま油をキムパの背中に塗り、包丁で切る。

야채불고기김밥

# • VEGGIE BULGOGI GIMBAP •

## お野菜たっぷりなプルコギキムパ

まるでサラダを食べるような感覚

◆ 材料（約10本分）

ご飯 … 約500ｇ
ごま油 … 大さじ 2 ½
塩 … 小さじ 1
いりごま … 大さじ 1
キムパ用のり （14cm×9cmにカット
　したもの）…10枚
※ごま油 … 大さじ 1

プルコギの材料

A
- 牛肉の切り落とし … 200ｇ
- サラダ油 … 少々
- ★醤油 … 大さじ 3
- ★てんさいオリゴ（p.7参照）… 大さじ 2
- ★ごま油 … 大さじ 1
- ★酒 … 大さじ 2
- ★にんにく（すりおろし）… 2 かけ分
- ★長ねぎのみじん切り … 10ｇ
- ★コショウ … 少々

ごぼう炒め

B
- ごぼう … 100ｇ
- にんにく（すりおろし）… 1 かけ分
- みりん … 大さじ 1
- 醤油 … 大さじ 1
- てんさいオリゴ（p.7参照）… 大さじ 1
- ごま油 … 大さじ 1

赤キャベツの酢漬け

C
- 赤キャベツ … 約100ｇ（⅛個分）
- 水 … 250cc
- 砂糖 … 大さじ 3
- 酢 … 大さじ 3
- 塩 … 小さじ 1

野菜炒め

D
- 赤パプリカ … ½個
- 黄色パプリカ … ½個
- にんじん … ½個
- 塩 … 適量
- サラダ油 … 適量

生野菜

E
- きゅうり（好みで）… ½本
- サンチュ … 5 枚
- えごまの葉 … 5 枚

◆ 下準備

1. Aの肉は★の材料と混ぜて、油をひいて炒める。
2. Bのごぼうは千切りにする。熱したフライパンにごま油とにんにくを入れて炒め、香りが出たらごぼうとみりんを入れて炒める。その後、醤油とてんさいオリゴを入れてつやが出るまで炒める。
3. Cの赤キャベツは長さ5cmくらいの千切りにして、残りのCの材料と混ぜてしばらく冷蔵庫におく。
4. Dの赤と黄色のパプリカは繊維に沿って8mmくらいの千切り、にんじんは3mmくらいの千切りにして、それぞれ油をひいたフライパンで塩少々をふって炒める。
5. Eのサンチュとえごまの葉は縦長に半分に切り、きゅうりは3mmくらいの千切りにする。

◆ 作り方

1. ご飯が温かいうちに、ごま油と塩、いりごまを入れてよく混ぜておく。
2. キムパ用のりに 1 のご飯を50ｇくらいのせて、ご飯→サンチュとえごま→プルコギ→ごぼう炒め→きゅうり→にんじん→赤キャベツ→赤と黄色のパプリカの順番にのせて巻く。10本作る（＊）。※のごま油をキムパの背中に塗って、包丁で切る。＊材料をご飯の真ん中でコンパクトにまとめたら巻きやすい。

# · JAKO AND WALNUT RICE BALL ·

잔멸치호두주먹밥

## くるみとじゃこ炒めのおにぎり

えごまの葉とごま油の香りで美味しく

◆ 材料（約8個分）

A
- ご飯（うるち米と餅米を
  2：1で混ぜたもの）… 400ｇ
- ごま油 … 大さじ1

B
- くるみ … 20ｇ
- じゃこ … 40ｇ
- ごま油 … 大さじ1
- にんにく … 2かけ分
- みりん … 大さじ1
- 砂糖 … 大さじ1
- 醤油 … 大さじ½
- いりごま … 小さじ1
- えごまの葉 … 5枚くらい

C
- 韓国のり … 適量
- 梅干し … 適量
- えごまの葉 … 適量

◆ 作り方

1. Bのくるみは小さく砕き、えごまの葉は粗くみじん切りにしておく。にんにくは薄くスライスする。Cの韓国のりは手もみしておく。
2. フライパンにごま油をひいて、1のにんにくを弱火で香りが出るまで炒める。
3. 2にBのじゃことみりんを入れて水分をとばしながら炒める。その後、火を小さくして砂糖と醤油を入れて軽く炒めて火を止める。いりごまとえごまの葉、くるみを入れてサッと混ぜて冷ます。
4. Aのご飯が温かいうちにごま油を入れてほぐし、3を入れてよく混ぜる。
5. 食べやすい大きさににぎってCの材料でアレンジする。

KOREAN CUISINE

*If you are looking for
a cute tasty crowd pleaser,
nothing can beat the baby rice balls!*

소불고기주먹밥

# · RICE BALL WITH BEEF BULGOGI ·

## ひき肉のプルコギおにぎり

形も味も楽しいおにぎり

◆材料（約6個分）

A
- ご飯（うるち米と餅米を
  2：1で混ぜたもの）… 500ｇ
- ごま油 … 大さじ 2
- 塩 … 小さじ 1

B
- 合いびき肉 … 200ｇ
- サラダ油 … 大さじ 1
- ★醤油 … 大さじ 2
- ★みりん … 大さじ 1
- ★ごま油 … 大さじ 1
- ★砂糖 … 大さじ 1
- ★にんにく（すりおろし）… 2 かけ分
- ★長ねぎ（すりおろし）… 大さじ 2

飾りの材料

C もみのり、かつお節、錦糸卵、黒ごま、ふりかけなど

◆作り方

1. Bの合いびき肉と★をよく混ぜて少し休ませる。その後、加熱したフライパンにサラダ油をひいて水分をとばす感じでほぐしながら炒める。つやが出て少し焦げ目がついたら火を止めて冷ましておく。

2. Aのご飯が温かいうちにごま油と塩を入れて混ぜる。

3. 2のご飯でおにぎりを作り、その中に 1 の適量を詰めて、丸くできたらCの材料をそれぞれ貼りつけて好みの顔を作る。

비빔밥

# •BIBIMBAP•

## ビビンバ

コチュジャンとナムルのハーモニー

### ◆材料（1人分）

ご飯 … 1膳
コチュジャン … 適量
卵 … 1個
ごま油 … 大さじ1
韓国のり … 適量
にんじん … 30g
えごまの葉 … 2枚
サラダ油 … 適量
塩 … 適量
いりごま … 適量

ナムル（p.64〜65）

A
　大豆もやしのナムル … 適量
　ほうれん草のナムル … 適量
　大根のあえもの … 適量
　ぜんまいのナムル … 適量

### ◆作り方

1. 卵は目玉焼きにする。韓国のりはよくもんでおく。えごまの葉は細い千切りにする。
2. にんじんは細い千切りに切る。その後加熱したフライパンにサラダ油をひいて、塩を少しふって炒めておく。
3. 温かいご飯をどんぶりに入れて1の目玉焼きを真ん中にのせる。その後Aと韓国のり、えごまの葉、にんじん炒めを丸く囲みながら盛る。
4. いりごまとごま油を回しかけ、コチュジャンをお好みで入れて混ぜていただく。

### 混ぜご飯的なビビンバ

ビビンバの意味は、비비다（ビビダ：混ぜる）＋밥（バッ）の言葉からも分かるように、いろんな具材とご飯を混ぜたものです。なので、名節のときなど、たくさん作りおきしたナムルなどを食べ切るためにご飯と混ぜてビビンバにして食べることも多く、そもそも決まった作り方はないのが魅力でもあるのです。ここではp.64-65でご紹介したナムルを入れたレシピを書いていますが、皆さんが用意できるナムルやおかずを自由に入れてみて「ビビン」してみてくださいね。

콩나물밥

# • RICE BOWL WITH BEAN SPROUTS •

## 大豆もやしのビビンバ

栄養抜群で子どもも喜ぶ体に優しいビビンバ

◆材料（3〜4人分）

米 … 2合
大豆もやし … 1袋（約200ｇ）

タレ

A
醤油 … 大さじ4
唐辛子粉 … 小さじ1
砂糖 … 大さじ1
ごま油 … 大さじ2
にんにく（すりおろし）… 1かけ分
万能ねぎ（小口切り）… 2本分
いりごま … 大さじ1

ひき肉のプルコギ

B
＊そば粉チヂミ（p.26）のひき肉のプルコギ
の作り方参照

◆作り方

1. 水を少なめにして米と大豆もやしを入れてご飯を
   炊く。Aはよく混ぜておく。
2. 1のご飯が炊き上がったら、ご飯をどんぶりに
   入れてBをトッピングし、Aのタレをかけてよく
   混ぜていただく。

### 目玉焼きと合わせても

作り方はとてもシンプルですが、栄養的にはとても
バランスがよく、ごま油の香ばしいタレがポイント
の栄養ごはん。目玉焼きと合わせればより美味しく
いただけます。お子さんのいらっしゃるご家庭では
タレの唐辛子粉を抜いてもOKです。

비빔면

# •KOREAN SPICY NOODLE•

## ビビン麺

日本そばを使ってより香り良く…

◆材料（約1人分）

そば … 90g
ゆで卵 … ½個
きゅうり … 約20g
にんじん … 約20g
えごまの葉 … 2枚
長ねぎ（白髪ねぎ）… 適量
（好みで）クレソン、ベビーリーフなど … 適量
ごま油 … 大さじ1

タレ

A
キムチ … 約50g
唐辛子粉 … 小さじ1
コチュジャン … 大さじ1
砂糖 … 小さじ1
ごま油 … 小さじ2
醤油 … 小さじ1

◆作り方

1. Aのキムチは水で洗い流し、水気をよくきってから小さくカットする。その後Aの残りの材料と合わせてよく混ぜておく。
2. きゅうりとにんじんはピーラーを使って好みの長さでスライスするか、もしくは千切りにしておく。えごまの葉は細い千切りにする。
3. ゆでたそばをある程度束ね、皿にひねりを加えながら丸く置いたら、その上に1のタレをかけて2の野菜、白髪ねぎ、ゆで卵、お好みの野菜を飾る。
4. ごま油を回しかけて完成。
5. よく混ぜていただく。

### 韓国のそばの産地、江原道（カンウォンド）では ［by 古家］

ビビン麺といえば、イメージ的に真っ赤なコチュジャンのタレとそうめんを混ぜて食べるものを連想する方が多いと思いますが、そばの産地である江原道に行くと、そば粉を使った麺とキムチ汁を混ぜて食べる、そばの香りと優しい味わいが魅力の막국수（マックッス）を楽しむことができます。今回のレシピでは、日本のそばの麺とキムチを使って絶妙な味わいを再現し、見た目もおしゃれにアレンジしてあるのですが、日本のそばが想像していた以上に合うんですよね。

수제비

# • HAND-PULLED DOUGH SOUP •

## 韓国風すいとん

煮干しと野菜のだしが効いた
奥深い味わいのスープに舌鼓み

◆材料（2〜3人前）

A
- 中力粉（＊）… 200ｇ
- 水 … 130cc
- 塩 … 小さじ 1

B
- じゃがいも … 2 個（約200ｇ）
- 玉ねぎ … 100ｇ
- ズッキーニ … 70ｇ
- にんじん … 60ｇ

煮干しだし汁 …1.2ℓ
朝鮮醤油 … 大さじ 1
にんにく（すりおろし）… 1 かけ分
コショウ … 少々
＊中力粉がない場合は、薄力粉：強力粉を1：1に
混ぜて使う。（もしくは、うどん粉を使う）

◆作り方

1. Aの材料をボウルに入れ、よくこねた後ラップを
   かけて冷蔵庫で30分以上休ませておく。
2. Bの野菜を切る。じゃがいもはやや太い一口サイ
   ズ、玉ねぎとにんじんは太い千切り、ズッキーニ
   は薄い半月切りにする。
3. 鍋に煮干しだし汁を入れて火にかけ、じゃがいも
   を入れて沸騰させる。
4. その間、1 の生地を素早く薄くのばしながら少
   しずつ切り取って 3 の鍋に入れる。
5. 2 の残りの野菜を入れてもう一度沸騰させる。
   その後、にんにくと朝鮮醤油を入れて味を調える。
6. すべての具材に火が通ったらコショウを入れて完
   成。

### 「カルジェビ」って知ってますか［by 古家］

韓国では家庭料理でもあるこのすいとんですが、小麦
粉を使った料理ということもあり、韓国風うどんとし
て知られるカルグクス（칼국수）の専門店でも食べる
こともできるんです。その際はぜひ「カルジェビ（칼
제비）」を注文してみてください。名前どおりに一つ
のスープに、麺とすいとん（決して麺を打ち間違えた
ものではありません）が入っているので、一度で二度
おいしいメニューとなっています。

COLUMN

# DAKGALBI — CHUNCHEON'S LOCAL SPECIALTY

『冬のソナタ』のロケ地、江原道・春川の
ローカルフードだったタッカルビ

古家 正亨

　僕が韓国に留学していた1998年は、IMF（国際通貨基金）の支援を仰ぎ韓国が国家破産の危機に陥っていた時でした。当時日本円で100円が1800ウォン近くまでウォン安が進み、日本人留学生にとってはありがたいウォン安でしたが、アルバイトしながら生計を立てていた僕にとっては、いくらアルバイトをしてもなかなかお金が貯まらず、物価も上がっていき、厳しい生活を強いられた時期。僕にとって天国だったのは"粉食（분식）"の存在でした。

　ここは簡単に言えば、韓国料理のファストフード店。そもそもはその名前からイメージがわくと思いますが、小麦粉を使った韓国料理を食べさせてくれる場所のことで、ラーメンや韓国ギョーザ、トッポッキなどを安価で提供してくれるお店でしたが、このほかにもキムパやおでん、チゲ類など韓国の家庭料理を手軽に食べることのできるお店として、一般市民に欠かせない存在でした。今もたくさんの粉食のお店が残っていますが、98年当時の割安感はなく当時は2000ウォンあればおなかいっぱいになるほどの場所だったんです。

　そんな時代に、僕がいつも学校帰りに日本語教師の仕事をしに通っていた語学学校のあったソウルの鍾路に、あるお店が誕生し連日行列ができ

# COLUMN

るほどの人気を得ていたんです。タッカルビ（닭갈비）のお店でした。当然招かれるように、当時の担当職員の方とその行列に並び、初めて体験したタッカルビ。大きな鉄鍋にたくさんの鶏肉と野菜、えごまの葉を真っ赤なソースで混ぜ合わせて食べるという、未知の世界がまさにそこにあったわけですが、一口食べた瞬間から、その美味しさのとりこになってしまいました。そして、残ったソースにご飯とキムチ、韓国のりを加えて炒めたチャーハンのこれまた美味なこと。こんな美味しい韓国料理があったのかと興奮を覚えたものです。

春川のタッカルビ通り

後日、日本語の家庭教師のアルバイトのため、狎鷗亭(アックジョン)の現代アパートを訪ねた際、生徒のマダムが「古家さんは、韓国料理で何が好きですか？」と尋ねてきたので、僕は真っ先に「タッカルビです！」と当然、答えました。そして、その美味しさについて熱く語った先に待っていたマダムの言葉は意外なものでした。

「タッカルビ。初めて耳にした料理ですね」

実は、タッカルビは当時全国的な料理ではなく、ドラマ『冬のソナタ』のロケ地として知られる江原道・春川のローカルフードだったんです。そして、日本のように、各地の郷土料理やローカルフードを提供するお店が当時のソウルには少なく、同じ韓国であっても、ソウルに住んでいる人も知らない、各地の郷土料理がたくさんあったということに気づいたのです。ちなみにこのタッカルビブームを受けて、ソウルではこのあと慶尚北道(キョンサンブクト)・安東(アンドン)の郷土料理で醤油ベースのスープで鶏肉とじゃがいもなどの野菜、そして韓国春雨を煮込んだ「チムタク（찜닭）」などのローカルフードが大流行したのは言うまでもありません。

タッカルビ

## COLUMN

時は過ぎて2019年。TWICEやBTS、BLACKPINKといったK-POPアイドルへの関心を介して、若者たちの間で急速に浸透してきているK-Culture。特に東京・新大久保から端を発した、先にお話ししたタッカルビの炒めている鉄板に、見事にチーズの川を流すようなビジュアルで一気にその存在が知られるようになったチーズ・タッカルビ、そしてホットドッグにチーズを入れ、そのチーズののびる様子がインスタ映えすると話題になったチーズハットグの人気は、これまでの韓国料理の概念を覆す新しい食の流行として、今や日本で社会現象と化しています。もちろん、ここに至るまでには2000年頃から始まった『シュリ』や『猟奇的な彼女』をきっかけとする韓国映画の日本における人気に始まり、2003年に興った『冬のソナタ』などの韓国ドラマ人気から火がついた韓流ブーム、そして2009年から10年にかけてのKARA、少女時代の日本上陸に始まったK-POPアイドルを介して一気にメジャー化した韓国の大衆音楽の人気、そしてK-POPアイドルの影響力がファッション、コスメ、食といった韓国の文化全体が10代の若者たちに影響を及ぼすようになった2019年現在……という、約20年の長い歴史の積み重ねがあったわけですが、そうであったとしても、ソウルの人ですら知らなかったタッカルビが、チーズと出合い、チーズ・タッカルビとして日本で大流行するなんて、いまだに信じられません。

映画・ドラマからK-POP、そして今やコスメにファッション、そして食に至るまで、日本における韓国の存在は、政治や歴史問題に振り回されるメディアを中心とする世論とは別のところで、もはや特別なものではなく、一つの文化として当たり前の存在になり、ブームを超えて文化の1ジャンルとして定着してしまったと言えるのではないでしょうか。

KOREAN CUISINE

## PART 3

# Easy Side Dish

나물과 김치 & 맛있는 밑반찬

ナムルやキムチと簡単おかず

· NAMUL ·

· SEASONED GROUND CHERRY PEPPER ·

· STEAMED AND SEASONED EGGPLANT ·

· ROLLED OMELETTE WITH DRIED LAVER ·

· SPICY SEASONED DRIED POLLAK ·

· KELP SAUTÉ ·

· BABY ANCHOVIES AND POTATO SAUTÉ ·

· UNFERMENTED FRESH KIMCHI ·

· CHILLED WATER KIMCHI ·

· CHILLED CUCUMBER SOUP ·

小皿料理がたくさん並んでいると楽しいですね。
わが家では人気の簡単おかず。

나물

# •NAMUL•

### ナムル

一度で野菜をたくさん取ることができる
韓国伝統の料理

## ほうれん草のナムル

◆材料（約2〜3人分）
ほうれん草…1束（約200ｇ）
水…1ℓ
塩…小さじ1
A ┌ 朝鮮醤油…大さじ1
  │ ごま油…大さじ1
  │ にんにく（すりおろし）…1かけ分
  └ いりごま…大さじ1

◆作り方
1. ほうれん草はよく洗い、食べやすい長さに切る。
2. 鍋に水と塩を入れて沸騰したら、1のほうれん草を入れて火を止めて40秒おく。
3. ざるにあけて流水で洗い流したのち、水気をしっかりきってからAと合わせて完成。

## 大根のあえもの

◆材料（約2〜3人分）
大根…400ｇ
塩…小さじ1
砂糖…大さじ1½
酢…大さじ1½
唐辛子粉…小さじ½
にんにく（すりおろし）…1かけ分

◆作り方
1. 大根は細い千切りにして塩でもみ、10分くらいたったら流水で洗い、水気をしっかりきる。
2. 1の大根と砂糖、酢、唐辛子粉、にんにくを入れてよく混ぜれば完成。

## 大豆もやしのナムル

◆材料（約2〜3人分）
大豆もやし … 1袋（約200ｇ）
水 … 1ℓ
塩 … 小さじ1

A
- 砂糖 … 小さじ½
- 朝鮮醤油 … 大さじ½
- にんにく（すりおろし）
   … 1かけ分
- 万能ねぎ（小口切り）
   … 大さじ2
- ごま油 … 大さじ1
- いりごま … 小さじ1

◆作り方
1. 鍋に水と塩を入れて、沸騰させる。
2. 大豆もやしを2分間ゆでる。
3. ざるにあけて粗熱が取れたらAとよく混ぜ合わせれば完成。

## ぜんまいのナムル

◆材料（約2〜3人分）
ぜんまいの水煮 … 160ｇ、牛のひき肉 … 200ｇ
みりん … 大さじ3、サラダ油 … 小さじ1、いりごま … 適量
タレ

A
- 醤油 … 大さじ4、てんさいオリゴ（p.7参照）… 大さじ3
- 酒 … 大さじ2、ごま油 … 大さじ1½
- にんにく（すりおろし）… 2かけ分
- 長ねぎ（みじん切り）… 10ｇ、コショウ … 少々

◆作り方
1. ぜんまいは食べやすい長さに切り、よく混ぜたAのタレの半分と合わせておく。
2. 加熱したフライパンにサラダ油をひいて、牛のひき肉とAの残りのタレを入れてよくほぐしながら水分をとばすように炒め、いったん取り出しておく。
3. 2のフライパンを改めて加熱し、1とみりんを入れて汁を煮詰めながら炒める。
4. 煮詰まってつやが出たら、2をフライパンに戻してサッと混ぜ合わせたのち、いりごまをかけて完成。

꽈리고추무침

# • SEASONED GROUND CHERRY PEPPER •

## ししとうのピリ辛あえ

食欲をそそる、辛さがたまらないご飯のおかず

◆ 材料（約2人分）
ししとう … 20個
もち粉（もしくは薄力粉）… 大さじ1
いりごま … 少々
（あれば）糸唐辛子 … 少々
タレ
A ┌ 醤油 … 大さじ1
  │ 唐辛子粉 … 小さじ1
  │ 酢 … 小さじ1
  │ てんさいオリゴ（p.7参照）… 大さじ½
  │ ごま油 … 小さじ1
  └ にんにく（すりおろし）… 1かけ分

◆ 作り方
1. ししとうはよく洗い、へたを取ってからもち粉をまんべんなくつけておく。Aはよく混ぜておく。
2. 蒸し器を使って1を10分くらい蒸す。
3. 粗熱が取れたらししとうを取り出し、Aとサッと混ぜてでき上がり。
4. いりごまと、あれば糸唐辛子をかける。

PART 3 · EASY SIDE DISH

가지무침

# • STEAMED AND SEASONED EGGPLANT •

## 蒸しなすのナムル

油で揚げなくても、やわらかいなすの食感を楽しめる一品

◆ 材料（約2人分）

なす … 4本（約350ｇ）
いりごま … 少々

A
- 朝鮮醤油 … 大さじ１
- ごま油 … 大さじ１
- にんにく（すりおろし）… １かけ分
- ねぎ（みじん切り）… 大さじ１

◆ 作り方

1. なすは洗ってへたを取り、縦に６等分に切る。
2. 蒸し器を使って１のなすがしんなりするまで蒸す。
3. 蒸したなすの粗熱が取れたら、ボウルに入れてAとよくあえる。
4. いりごまを指でつぶしながら回しかけてでき上がり。

김계란말이

# ROLLED OMELETTE WITH DRIED LAVER

## 韓国のり入り卵焼き

韓国のりの風味で一層美味しく

◆材料（約2人分）

卵 … 3個
みりん … 大さじ1
醤油 … 小さじ1
韓国のり … 適量
サラダ油 … 適量

◆作り方

1. 韓国のりは、作りたい卵焼きの大きさに合わせてカットしておく。（＊）
2. ボウルに卵とみりん、醤油を入れてよく混ぜながら溶きほぐしておく。
3. 卵焼き用フライパンにサラダ油をひいて加熱する。
4. 2の1/4くらいを注ぎ入れてなるべく薄く広げる。卵に完全に火が通る前にカットしたのりをのせて素早く巻いていく。これを何回か繰り返す。
5. 焼き上がった卵焼きが冷めたら食べやすい大きさにカットする。

＊卵焼きを巻いていくことでのりを置ける面積が狭くなっていくことを考えてカットする。

PART 3 · EASY SIDE DISH

황태무침

# • SPICY SEASONED DRIED POLLAK •

## 干しだらのコチュジャンあえ

干しだらを使って、簡単なおかずに

◆ 材料（2人分）
干しだら … 50ｇ
ごま油 … 大さじ1
万能ねぎ（小口切り）… 大さじ1
いりごま … 適量

A
- コチュジャン … 大さじ2
- 醤油 … 大さじ½
- てんさいオリゴ（p.7参照）… 大さじ1
- みりん … 大さじ1
- ごま油 … 大さじ1
- にんにく（すりおろし）… 1かけ分

◆ 作り方
1. 干しだらは水に濡らしてやわらくなったら、料理バサミで一口サイズに切る。Aはよく混ぜる。
2. フライパンにごま油をひいて加熱し、1の干しだらを入れて炒める。
3. 干しだらに火が通ったらフライパンの端に寄せ、残りのところにAのタレを入れて煮立たせる。その後干しだらと混ぜ合わせる。
4. ねぎといりごまをかけたら完成。

KOREAN CUISINE

다시마볶음

# • KELP SAUTÉ •

## 切り昆布のごま油炒め

やみつき必至のお手軽おかず

◆ 材料（約3人分）

生食用切り昆布 … 約150g
ごま油 … 大さじ 2 ½
にんにく（すりおろし）… 1 かけ分
みりん … 大さじ 1 ½
朝鮮醤油 … 小さじ 2
いりごま … 適量

◆ 作り方

1. 切り昆布は食べやすい大きさにカットしておく。
2. フライパンを加熱してごま油を入れ、にんにくを香りが出るまで炒める。
3. 2 のフライパンに 1 の昆布とみりんを入れて粘りが出ないように、強火で短時間で炒める。
4. 大体火が通ったら、火を弱くして朝鮮醤油を入れてサッと炒めたら完成（＊加熱しすぎると粘りが出るので要注意！）。
5. でき上がった昆布にいりごまをつぶしながら回しかける。

PART 3 - EASY SIDE DISH

잔멸치감자볶음

# • BABY ANCHOVIES AND POTATO SAUTÉ •

## 小魚とじゃがいもの炒め物

にんにくの風味でより美味しい韓国風つくだ煮

◆ 材料（約3〜4人分）

じゃがいも … 150g
小魚（かえりちりめん）… 約30g
ししとう … 約10本
にんにく（スライス）… 1かけ分
サラダ油 … 大さじ1
いりごま … 適量

A
- 水 … 50cc
- 醤油 … 大さじ2
- てんさいオリゴ（p.7参照）… 大さじ2
- 砂糖 … 大さじ1
- みりん … 大さじ1
- ごま油 … 大さじ1
- 生姜（すりおろし）… 少々
- 長ねぎ（みじん切り）… 大さじ1
- コショウ … 少々

◆ 作り方

1. Aの材料はすべて混ぜておく。
2. じゃがいもは皮をむいて薄い一口サイズに切る。
3. フライパンに小魚を入れて弱火であぶる。その後、いったん取り出しておく。
4. フライパンにサラダ油をひいて、スライスしたにんにくを香りが出るまで炒める。
5. Aのタレとじゃがいもをフライパンに入れて煮詰めながら炒める。
6. じゃがいもに半分以上火が通ったら、3の小魚を戻し入れて炒める。
7. タレがほとんどなくなって照りが出たら、ししとうを入れてサッと混ぜ合わせて火を止める。
8. いりごまを指でつぶしながら全体にふって完成。

*Don't need to go through the tough Kimchi making!
Easiest Kimchi in the whole world!*

겉절이

# • UNFERMENTED FRESH KIMCHI •

## コッチョリ（浅漬けキムチ）

麺やご飯料理につけ合わせると
より食欲が増す

◆ 材料（約1人分）

白菜 … ¼個（芯を取って約500ｇを基準）
天日塩 … 大さじ 2
せり（もしくは万能ねぎ）… 20ｇ
ごま油 … 大さじ 1
いりごま … 小さじ 1

タレの材料

A
唐辛子粉 … 大さじ 3
魚醤（しょっつる）
　　… 大さじ 2
砂糖 … 大さじ 1 ½
玉ねぎ（すりおろし）… 40ｇ
りんご（すりおろし）… 40ｇ
にんにく（すりおろし）… 2 かけ分
生姜（すりおろし）… 少々

◆ 作り方

1. 白菜は食べやすい大きさに切って、ボウルに入れて塩をまんべんなくふりかけて 1 時間くらいつけておく。
2. Aをよく混ぜておく。
3. せり（茎のところ）は5cmくらいに切る。
4. 1 の白菜は流水で洗い流した後、しっかり水気をきり、2 のタレとよく混ぜ合わせる。好みでタレの量を調整する。
5. 4 にせりとごま油、いりごまを入れてサッと混ぜるとでき上がり。

### りんごのすりおろしを入れて

酸っぱいキムチが苦手な夫にとって大好物のコッチョリ。本来のキムチの意味からするとキムチというよりはあえものに近い料理ですね。韓国では料理にりんごや梨がよく使われるのですが、コッチョリのタレにもりんごのすりおろしを入れれば、自然な甘酸っぱい感じが出て、それがたまらない味を引き出すのでおすすめです。せりの代わりに万能ねぎなどを使っても美味しいですよ。

# • CHILLED WATER KIMCHI •

물김치

## 水キムチ

唐辛子を使わない、清涼感たっぷりの
優しい味のキムチ

◆材料（1ℓの瓶に漬ける場合）

白菜 … 約100g
大根（あれば赤大根など）… 約100g
天日塩 … 小さじ1
砂糖 … 小さじ1
水 … 400cc
万能ねぎ … 約10g
りんご … 50g
（あれば）せり … 約10g

A ┌ にんにく（すりおろし）… 1かけ分
  │ 生姜（すりおろし）… 少々
  └ 玉ねぎ（すりおろし）… 50g

◆作り方

1. 白菜は一口サイズ、大根は薄切りにしてから一口サイズに切って塩をふりかけ、30分くらい漬けておく。りんごはスライスに、万能ねぎとせりは食べやすい長さに切る。
2. Aのエキス（＊）と水を合わせておく。
3. 1と2を瓶に入れてふたをし、常温で1〜2日おく。（＊＊）
4. 気泡が出て、酸味が出たら冷蔵庫に入れる。1週間以内に食べ切るように。

＊だしパック袋などを使ってエキスを取る。
＊＊季節によって熟成にかかる時間が異なる。

오이미역냉국

# · CHILLED CUCUMBER SOUP ·

## きゅうりとわかめの冷スープ

夏バテで失った食欲を一気に復活させてくれる

◆材料（約2人分）

A ┌ 水 … 200cc
  │ 酢 … 大さじ2
  │ 塩 … 小さじ1
  └ 砂糖 … 大さじ1

きゅうり … ½本
玉ねぎ … 約20ｇ
カットした乾燥わかめ … 約10ｇ
鷹の爪 … 1本
いりごま … 適量
（好みで）氷 … 適量

◆作り方

1. わかめは水で戻し、水をきっておく。きゅうりは縦半分に切って斜め薄切りにし、玉ねぎは薄い千切りにする。
2. Aをすべてよく混ぜ、1の野菜とちぎった鷹の爪を入れて、いりごまをまぶすと完成。

＊ 冷蔵庫でしばらく冷やし、食べるときに氷を入れるとより清涼感が満喫できる。

# COLUMN

# KOREAN SIDE DISH
## 韓国料理においての반찬（バンチャン）

韓国料理を食べる際、必ずいろんな반찬（バンチャン：おかず、常備菜）が出てきて驚いたことはありませんか？　それはお店だからではなく、一般家庭でも同じように常にたくさんのおかずを作りおきしておくのが、韓国。そのおかずのことを밑반찬（ミッパンチャン：土台になるおかず）、もしくは마른반찬（マルンバンチャン：汁のないおかず）ともいいます。

イメージとしては日本のつくだ煮のようなものから、ナムルやキムチ、そして炒め物に至るまで、だいたい1週間は軽く保つようなものが多いのです。日本と同じように白いご飯が主食の韓国料理ですが、単品料理一つでも食事になる日本とは違って単品料理プラス、キムチはもちろんのこと、いろんなバンチャンをつけ合わせないと、食事をした気持ちにならない人が圧倒的に多いのです。

さて、わが家で一番人気のあるバンチャンといえば、前のページにご紹介しました、切り昆布のごま油炒め（p.70）なのですが、本場では切り昆布ではなくて、茎わかめが主に使われています。日本のスーパーではなかなか塩漬けした茎わかめを売っていないので、試しに切り昆布を使ってみたら、変わらぬ美味しさで表現できました。

こうやって、日本で手に入る食材を使って韓国料理を作ってみると、意外に美味しいものが作れたり…と新しい発見があるものです。皆さんも、ぜひいろいろな素材を試してみてください。

KOREAN CUISINE

## PART 4

# Sweets & Snacks

먹는 즐거움이 더해지는 간식들

思わず食べたくなる、韓国風おやつ

· HOTTEOK ·

· CHEWY RICE CAKE ·

· SWEET CINNAMON RICE CAKE ·

· JUJUBE TEA ·

· STREET TOAST ·

· CHEESE CORNDOG ·

· WHITE BLOCK RICE CAKE ·

おやつ感覚の楽しい軽食を
こんなふうにおしゃれに

호떡

# • HOTTEOK •

## ホットク

冬の屋台の定番、ホットク

◆ 材料（約6枚分）

生地の材料

- 強力粉 … 270ｇ
- ぬるま湯 … 240cc
- ドライイースト … 3ｇ
- 黒ごま … 大さじ１
- A 砂糖 … 大さじ１
- 塩 … 小さじ１
- オリーブオイル（もしくはサラダ油）… 大さじ１
- スキムミルク … 大さじ１

あん

- 黒糖 … 大さじ４
- シナモンパウダー … 小さじ½（好みで軽減）
- 黒ごま、くるみなどのナッツ類 … お好みで適量を刻む

焼くためのetc.

- サラダ油 … 適量
- ホットク押し器（大根の切り身でもOK）
- フライパン
- 返しべら

◆ 生地の作り方

1. ボウルに体温ぐらいのぬるま湯を入れ、Aの砂糖とドライイーストをよく溶かしたのち、残りのAを入れてよく混ぜる。
2. ラップをかけて膨らんできたら、軽く混ぜることを何度か繰り返しながら約１時間以上発酵させる。
3. よく練り込んだら準備完了。

◆ 焼き方

1. フライパンにサラダ油をたっぷりひいて加熱する。
2. 約80ｇの生地（全体の約⅙）を丸めてから手のひらにのせてのばし、あんを大さじ１ぐらい入れて再び丸め、フライパンにのせる。
3. 軽く焼き目がついたら、ひっくり返してホットク押し器で一気に押し広げていく。（あんがあふれないように気をつけながらできる限り薄く）
4. きつね色になったら、裏面も同様の色になるまで焼いて完成。

## オンドルと母の味

冬、マッコルリを入れた生地に布団をかぶせてオンドル（床暖）の上で寝かせると、発酵してどんどん膨んでいき、それにお母さんが愛情をたっぷり注いで焼いてくれました。そんな思い出のおやつがホットクなのです。今は簡単に屋台でも買って食べられますが、やっぱり昔、お母さんがおうちで焼いてくれていた素朴な味が今も忘れられません。

인절미

# • CHEWY RICE CAKE •

## 韓国風きな粉餅

白玉粉で手軽に作って
もっちりと美味しいお餅に…

◆材料（約2〜3人分）

白玉粉 … 200ｇ
水 … 250cc
塩 … 2.5ｇ
グラニュー糖 … 50ｇ
きな粉 … 約50ｇ

◆作り方

1. 蒸し器に濡れた蒸し布を敷いて沸騰させる。お盆にきな粉をのせ、のばしておく。
2. 白玉粉に塩と砂糖を入れてサッと混ぜたあと、水を回しかけ泡立て器などを使ってよく混ぜる。
3. 蒸し器に注ぎ入れてふたをし、約20分間蒸す。
4. 火を止めてそのまま5分くらい蒸らす。その後、でき上がった餅を1のお盆の上に移し替えて、粗熱が取れたら、きな粉をつけながら一口サイズに切って完成。

### 食事代わりにもなるお餅

本来は、日本の餅つきと同じ感覚で蒸した餅米をついて作るのですが、今回は白玉粉を使って簡単に美味しく作れるレシピをご紹介しました。日本のお餅とは違って、塩気があり、甘さが控えめなので一度にたくさん食べられる、おやつだけでなく、食事の代わりにもなるお餅です。

약식

# • SWEET CINNAMON RICE CAKE •

## 薬食（韓国風おこわ）

名前からも体に優しそうな、シナモンが香る甘いおこわ

◆材料（約4〜5人分）

餅米 … 500ｇ
水 … 350cc
ドライフルーツ・ローストナッツ
　　… 1カップくらい

A
黒糖 … 110ｇ
シナモンパウダー … 小さじ½
醤油 … 大さじ3
はちみつ … 大さじ2
ごま油 … 大さじ2

◆作り方

1. 餅米は洗って水に6時間以上浸してから水気を
きっておく。Aの材料はボウルに入れてよく混ぜ
ておく。

2. 炊飯器で1の餅米と分量の水、そしてAを入れ
てよくかき混ぜ、ご飯を炊く。

3. ご飯が炊き上がったら、ご飯をしっかりほぐし、
好みのドライフルーツやローストナッツを入れて
軽く混ぜる。

4. 10分くらい蒸らしたのち、パンの型など好きな
型に入れて固める。タッパーに入れて固めてから
包丁で好みの大きさに切ってもよい。

### なぜ「薬食」といわれるのか？

韓国では昔から、はちみつが入っているものに
「薬」という言葉をつける文化があり、その起源か
らはちみつや栗、なつめ、松の実などを入れて作る
ご飯のことを「薬食」といわれました。名前を聞く
だけで、体が健康になりそうなその「薬食」。意外
と炊飯器一つで簡単に作れるので皆さんもぜひ作っ
てみてください。日本の場合は生の栗が旬でないと
なかなか手に入らないので、今回のレシピではあえ
て入れず、その代わりに皆さんが身の回りで手軽に
手に入るドライフルーツやナッツ類を入れたレシピ
にしてみました。

대추차

# • JUJUBE TEA •

## なつめ生姜茶

寒い季節に飲みたい風邪の予防にもなる健康茶

◆材料（約5〜6杯分）

乾燥なつめ … 約15粒
生姜 … 20ｇ
水 … 1ℓ
はちみつ … 適量

◆作り方

1. なつめはよく洗って、串などを使って何か所かに穴をあけておく。生姜は皮をむいて薄切りにする。
2. 鍋に 1 と水を入れて火にかける。
3. 沸いたら火を弱くして 1 時間以上煮込む。
4. 好みの濃さになったら火を止めて、ざるでこして完成。
5. お好みではちみつを入れて飲む。

## 寒い季節には風邪予防に

生活に関わるすべてのものに、昔から伝わる風水や韓方（韓国漢方）を積極的に取り入れている韓国。食べ物一つにしても、その食材同士の相性を考えたり、効能を常に考えて食べ物を選んだりするんですよね。その中でも寒い季節になると、風邪予防のためにおうちでなつめと生姜をコトコト煮込んで健康茶にして飲むことは、決して特別なことではないんです。

길거리토스트

# • STREET TOAST •

## 屋台トースト

忙しい朝のパワーチャージの一品

### ◆材料（約2人分）

A
- 卵 … 2個
- キャベツ … 50g
- 玉ねぎ … 40g
- にんじん … 20g
- 塩 … 少々

食パン（薄切り）… 4枚
スライスハム … 2枚
スライスチーズ … 2枚
バター … 20g
砂糖 … 適量
ケチャップ … 適量
マヨネーズ … 適量

### ◆作り方

1. Aのキャベツと玉ねぎ、にんじんは千切りにして卵と混ぜ、塩で味を調える。
2. フライパンを加熱してバターを塗って1を2回に分けて食パンの大きさに合わせて焼く。焼くごとにバターを塗り直す。
3. 食パンはフライパンにバターを塗って焦げ目がつくように焼いておく。
4. 3の焼いた食パン1枚の片面にマヨネーズを薄く塗り、2を1枚のせる。その後、砂糖をふりかけてケチャップをかけたら、スライスハムとチーズをのせてもう1枚の食パンで挟む。
5. 4をもう一度繰り返してもう一つを作る。

### バターたっぷりで一層美味しい

一時期、韓国で手軽に食べることができるこのトーストが国民的な人気になり、トーストだけを扱うフランチャイズ店が登場するほどに。広い鉄板の上にマーガリンをたっぷり塗ってキャベツを入れた卵焼きとその上から砂糖をふりかける…という、どちらかといえばジャンクフードな印象がとても強いのですが、今回は贅沢にバターをたっぷり使っています。その味はマーガリンより抜群に美味しいので、ぜひ試してみてくださいね。

KOREAN CUISINE

치즈핫도그

# •CHEESE CORNDOG•

## チーズハットグ

のびるチーズとふりかけた砂糖の
美味しいハーモニー

◆材料（約8本分）

串 … 8 本
パンケーキ粉 … 150 g
牛乳 … 120 cc
パン粉 … 約40 g
さけるチーズ（約3cmにカットしたもの）… 8 個
ミニサイズウインナソーセージ
　（約2.5cmにカットしたもの）… 8 個
砂糖 … 約10 g
サラダ油 … 約600 g
（好みで）ケチャップ … 適量
（好みで）マスタード … 適量
★牛乳 … 10 cc
（あれば）オイルブラシ

◆作り方

1. ウインナーが下にくるようにウインナーとチーズ
を 1 個ずつ刺して 8 本作っておく。

2. パンケーキ粉に牛乳を入れて泡立て器でよく混ぜ
ておく。

3. 深めの鍋にサラダ油を入れて170度くらいに加熱
しておく。

4. 1 を 1 本ずつ 2 の衣につけて、 3 の鍋できつね
色になるまで揚げていく。（＊）

5. 2 の生地 1 さじと★の牛乳をよく混ぜて糊を作
って、オイルブラシなどを使い 4 のハットグに
塗ってからパン粉を貼りつける。その後もう一度
油でサッと揚げる。

6. お好みで砂糖をふりかけてケチャップやマスター
ドをつけて食べる。

＊ 最初は直角に串を入れて指先でコロコロ回した後、
横にして揚げるときれいな形に揚げられる。

## 今流行のダンチャンダンチャン風に

今でも新大久保などで行列ができるほどの人気とな
っている치즈핫도그（チーズハットグ）。ミニサイ
ズだから、おうちでも簡単に作ることができて、し
かもとっても美味しいレシピを用意してみました。
ウインナーの塩気と砂糖の甘みが、今の韓国料理の
傾向でもある「단짠단짠（ダンチャンダンチャン）
（p.94）」を感じさせて、絶妙な味わいです。

PART 4 - SWEETS & SNACKS

백설기

# • WHITE BLOCK RICE CAKE •

## 白雪餅

真っ白で純粋
神聖な儀式の際に食べられるお餅

◆材料（約2個分）

上新粉…200g
水…100cc
グラニュー糖…50g
塩…2.5g

★餅を作るために必要なもの
蒸し器
蒸し布
霧吹き器
ステンレスメッシュざる
ボウル
パンケーキリング
（今回使ったのは、W10.2×D9.8×H4cm）2個

＊色をつけたい場合は、1の水に好みの色素を入れて同じ工程で作る。

◆作り方

1. 水と塩を混ぜておく。
2. 上新粉に1を回しかけて、菜箸で軽く混ぜたあと、両手の指先で軽くこすり合わせながらほぐす（力が強すぎると固まってしまうので、なるべく軽い感じでほぐす）。
3. 大体ほぐれたら下にボウルを置いて、ざるで回しながらこす。それを3回繰り返したらラップをかけて冷蔵庫に5時間くらい入れておく。
4. 3をもう一度ざるでこしてからグラニュー糖をサッと混ぜる。
5. 蒸し器に水（分量外）を入れて沸かし、濡れた蒸し布を敷いた上にリングを置き、4の粉をスプーンを使って少しずつ埋めていく。埋め終わったら、表面をきれいに整える。
6. ふたをして10分蒸したのち、リングを外す。その直後、霧吹き器で全体的に水を噴霧し、再びふたをして10分間蒸す。
7. 火を止めてそのまま5分間蒸らしたら完成。

― COLUMN ―

# 100TH DAYS & 1YEAR OLD CELEBRATION
### 生後100日パーティーと1歳のお誕生祝い

　最近の傾向として、日本では若いママを中心に赤ちゃんが生まれて半年になるハーフ・バースデーを祝う習慣が広まっているようですが、韓国では元々、生後100日目パーティー（백일잔치：ペギルジャンチ）、そして 1 歳の誕生会(돌잔치：ドルジャンチ)を盛大に祝い、まるで結婚式のように親戚や友人を呼んで祝ってもらう習慣がありました。ただ最近では実用的な考え方が広まって、シンプルに直系家族だけのスモール・パーティーが定着しつつあります。ですが、その百日（ペギル：100日）と돌（ドル：1 歳の誕生日）の意味合いは今でも韓国人にはとても特別なものなのです。

　日本人と韓国人のハーフであるわが息子の祝い方をどうするべきなのかすごく悩みましたが、韓国の両親の希望もあり、まずは100日のイベントをホーム・パーティー式に日本で開くことに。今、韓国の若いママたちの間で流行っている백일상（ペギルサン）と呼ばれる、100日のための祝いテーブルを飾り、手作りの白雪餅（p.90）を準備。家族や友人たちに赤ちゃんの健康と幸せを祈っていただきました。

## COLUMN

　そして、あっという間に時がたち1歳を迎えた息子。今度は日本の家族や友人に韓国の돌잔치（ドルジャンチ）を経験させたい気持ちもあり、韓国で伝統衣装の韓服を着せ本格的なパーティーを開くことにしました。韓国では今でも100日同様1歳の誕生祝いに、純金の指輪やブレスレットをプレゼントする習慣があるので、皆さんからたくさんの"金属"をいただきました。そして돌잔치（ドルジャンチ）におけるメインイベントである、돌잡이（ドルチャビ：いろいろなものの中から赤ちゃんに一つ選んでもらい、そのものから連想できる未来を占うこと。鉛筆を持つと学者、お金を取るとお金持ちになるなど）。わが子が選んだものは、なぜか親とは全く関係のない聴診器で皆さんからは「お医者さんになるの？」と言われ、夫は喜んでいたようですが…。たとえ何を選んだとしても愉快で楽しく、そして子どもの成長がより楽しみになる、そんな時間でした。

*Every Korean's very first birthday celebration! You are finally a year old on your Dol-Janchi!*

おわりに

昔母親が遠足の時に必ず作ってくれたキムパ。日本ののり巻き同様に酢めしが入った、とてもシンプルな食べ物でした。今も覚えてるその味自体も、日本のものとそれほど変わりません。
ところが、今主流になっているキムパは、酢めしの代わりにごま油を入れたご飯にクリームチーズやくるみ、そして、さきいかやトンカツが入っているものまで、その種類は数え切れないほどに。
同じように韓国料理も社会の変化とともに、私が日本に来てからの10年間で、その流行や傾向が変わってきています。
最近流行りの단짠단짠(ダンチャンダンチャン：甘いものばかり食べると飽きてたくさん食べられないけど、甘塩っぱいものだと飽きずに、病みつきになってしまうという意味の新造語）という言葉からもわかるように、最近の韓国料理は多少甘く、刺激的な方に向かっているようにも感じます。
本書では、チーズタッカルビやチーズハットグなど、最近の傾向を反映して入れたメニューもあるのですが、これから先も変化していくであろう韓国料理を、自分なりのスタイルで、美味しくかつやさしいレシピとして、その魅力を伝えることを心がけました。
そして、そんな料理を食べて成長していくのであろう息子同様に我々夫婦もまた一段と成長していきたいと思うばかりです。
最後に、韓国料理に特別な愛情を持ち、スタイリングなど、たくさんのアドバイスをしてくださったカメラマンの蜂巣文香さんには感謝の気持ちを込めて……。

**Mina Furuya　ホミン（著）**

韓国ソウル出身。アーティスト。2003年からピアノ弾き語りシンガーソングライターとして活動し、古家正亨氏との結婚をきっかけに日本に拠点を移す。以来、音楽活動以外にも様々な活動を展開。中でも近年は彼女の感性で発信しているレシピが評価され、定期開催中の料理教室が大人気。著書には『ホミンの東京ダイアリー』（共同通信社刊）、『韓式ふたりごはん』（メイツ出版刊）など。

instagram: furuya_mina

**Masayuki Furuya　古家正亨（文）**

北海道北見市出身。司会者、韓国大衆文化ジャーナリスト。上智大学大学院文学研究科新聞学専攻博士前期課程修了。日本におけるK-POP普及に関し、韓国政府より文化体育観光部長官褒章受章。主な著書『ALL ABOUT K-POP』（ソフトバンクパブリッシング刊）『Disc Collection K-POP』（シンコーミュージック刊）『韓国ミュージックビデオ読本』（キネマ旬報社刊）など。帝塚山学院大学客員教授。

twitter: furuyamasayuki0

| | |
|---|---|
| 撮影 | 蜂巣文香 |
| ブックデザイン | 眞柄花穂（Yoshi-des.） |
| 校閲 | 校正舎楷の木 |
| 編集 | 大野雅代（クリエイトONO） |
| 進行 | 鏑木香織里 |

Special Thanks To　　Jisun Koo

## 【読者の皆様へ】

本書の内容に関するお問い合わせは、お手紙または
FAX（03-5360-8047）　メール（info@TG-NET.co.jp）にて承ります。
恐縮ですが、電話でのお問い合わせはご遠慮ください。『やさしい韓国ごはん』編集部

＊本書に掲載している作品の複製・販売はご遠慮ください。

# やさしい韓国ごはん

2019年6月1日 初版第1刷発行

| | |
|---|---|
| 著者 | Mina Furuya　　文　古家正亨 |
| 発行者 | 穂谷竹俊 |
| 発行所 | 株式会社日東書院本社 |
| | 〒160-0022 東京都新宿区新宿2丁目15番14号 辰巳ビル |
| | TEL: 03-5360-7522（代表）　FAX: 03-5360-8951（販売部） |
| 振替 | 00180-0-705733 |
| URL | http://www.TG-NET.co.jp |
| 印刷 | 三共グラフィック株式会社 |
| 製本 | 株式会社セイコーバインダリー |

本書の無断複写複製（コピー）は、著作権法上での例外を除き、著作者、出版社の権利侵害となります。
乱丁・落丁はお取り替えいたします。小社販売部までご連絡ください。

©Mina Furuya　Masayuki Furuya 2019,Printed in Japan
ISBN 978-4-528-02258-4 C2077